Stockbrunnen

Unt.Graben-Strasse
Brunnen-Gasse
Neustädte
Post
Unt.Johannis-Gasse
Unt.Schul-Strasse
Brauhaus-Gasse
Schuh-Gasse
Ob.Johannis-Gasse
Schul-Platz
Thu.
Kraut-Gasse
Marien-Platz
Ob.Schul-Strasse
Markt-Platz
Rathhaus
Kirch-Gasse
Kirchhof-Platz
Altes Kloster
Unt.Kloster-Gässchen
Vord.Kloster-Platz
Ob.Kloster-Gässchen

Perspektivwechsel
Pößneck

Wähle den Nachbarn vor dem Haus und den Begleiter vor dem Weg.

Die Vielfalt einer Stadt spricht von der Phantasie ihrer Erbauer.

Breite Straße

Perspektivwechsel Pößneck

Ein Bummel über den Dächern der Stadt

Martin Raffelt | Jörg-Uwe Jahn | Till Krieg

allroundpublication
LITERATUR · KUNST · APPLIKATIONEN

Die steingewordene Geschichte unserer städtischen Umwelt strukturiert nicht nur unsere Verkehrs-, sondern auch unsere Denkräume.

IMPRESSUM

Projektmanagement: allround publication
Texte: Claudia Schaar, Martin Raffelt, Till Krieg
Fotografie: Jörg-Uwe Jahn
Grafik-Design & Satz: Claudia Schaar
Layout: Claudia Schaar
Lektorat: Ursula Melle, Christian Pfeffer
Druck und Bindung: GGP Media GmbH, Pößneck
Herausgeber: allround publication, Kreissparkasse Saale-Orla

© 2012 Jörg-Uwe Jahn und Martin Raffelt
www.allround-publication.com

Die Verwertung der Texte und Bilder, auch auszugsweise, ist ohne die Zustimmung der Rechteinhaber urheberrechtswidrig und strafbar. Dies gilt auch für Vervielfältigungen, Mikroverfilmungen und für die Verarbeitung mit elektronischen Systemen.

ISBN 978-3-944078-35-9
Printed in Germany

INHALT

Vorwort	Bürgermeister Michael Modde	7
Vorwort	Martin Raffelt und Jörg-Uwe Jahn	9

Pößneck stellt sich vor: rund um den Markt 10
Ein Vergleich: Stadtumbau zwischen 1999 und 2012 14

Altarfalz (1)	Von der Volkssolidarität bis zur Altenburg	16
	Von der Altenburg bis zum Vogel-Verlag	18
	Von der Rosenbrauerei bis zum ehem. Lederwerk Brüderlein	20

Gestern und heute – sechs Gegenüberstellungen 22
Spuren der 1. Thüringer Landesgartenschau (LGS) Pößneck 28
Das Bad am Wald 34

Altarfalz (2)	Kleingartenanlagen „Ober dem Hohen Gäßchen" und „Sonneneck"	36
	Vom ehem. Vogel-Verlag (Karl-Marx-Werke, GGP) bis zum Viehmarkt	38
	Von GGP Media bis K+S Stahl- & Behälterbau	40

Rund um die Altstadt 42
Innenstadt-Details 50

Altarfalz (3)	Vom Altenburgring bis zur Musikschule	56
	Die Ernst-Thälmann-Straße von der Neustädter Straße bis zur Brunnengasse	58
	Die Saalfelder Straße von der Gutenberg- bis zur Alexander-Puschkin-Straße	60

Blick ins Umland 62
Die Bundesstraße B 281 66
Industrie- und Verwaltungsgebäude 72
Oberer Friedhof 78
Gewerbebauten und Sportstätten 80
Pößneck und seine Stadtteile
    Ost, Süd, West, Nord 84
    Jüdewein, Köstitz, Schlettwein, Öpitz, Schweinitz 92
Museen in Pößneck 95
Thematische Stadtführungen 96
Zwei exemplarische Veranstaltungen 98
Pößnecks Umgebung: Oppurg und Döbritz 100
    Oppurg und Nimritz 101
    Bodelwitz und Krölpa 102
Eine Collage 104
Die Autoren, Fragen und Antworten 105
Förderer 106
DANKE 107
Bildnachweis 108

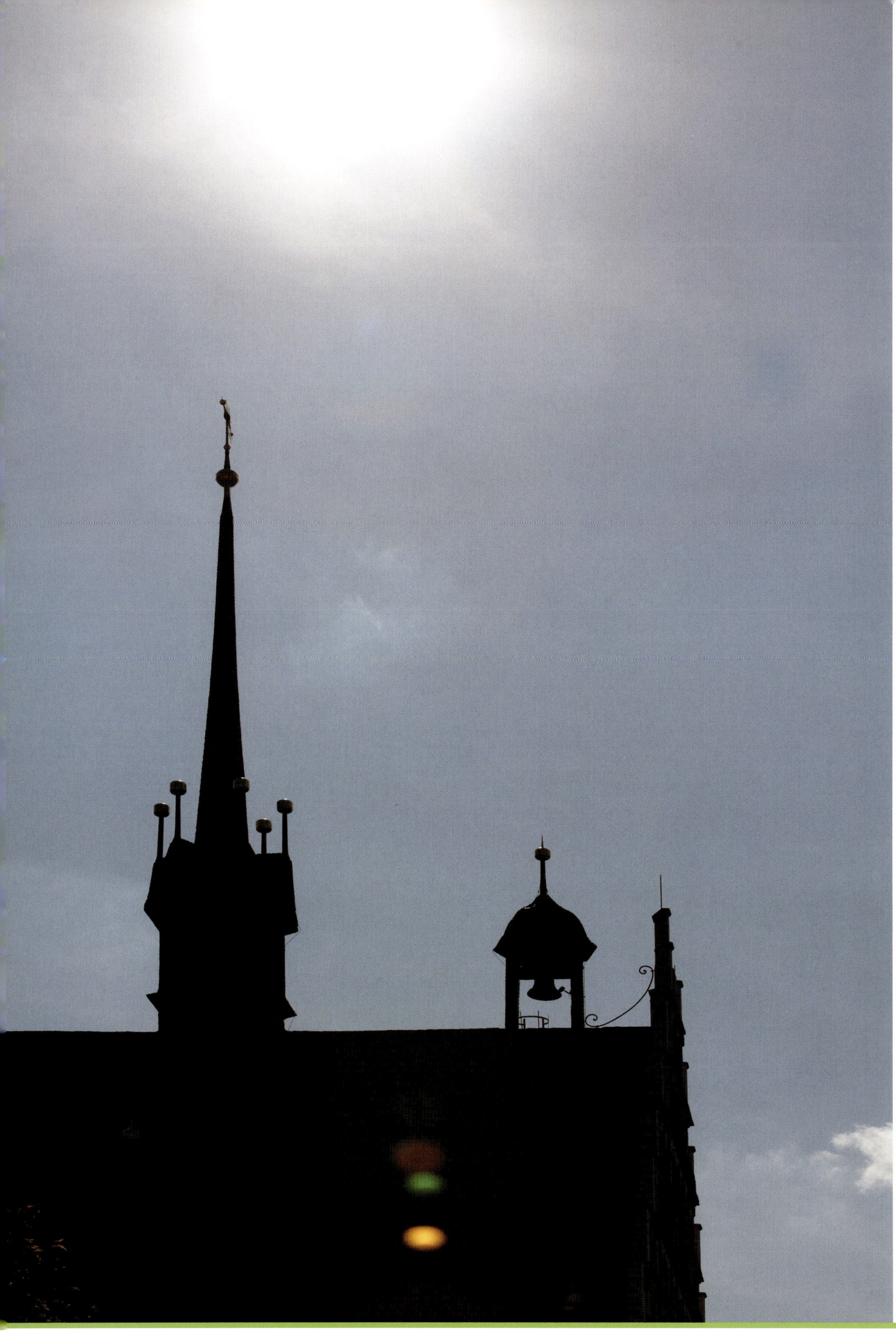

VORWORT

Was ist besser geeignet als ein PERSPEKTIVWECHSEL, um etwas Alt-Vertrautes, vielleicht allzu selbstverständlich Gewordenes in neuem Licht zu sehen.

Pößneck erlebt 2012 seinen 760. Geburtstag, nehmen wir die Ersterwähnung im Jahr 1252 zur Basis. Der Bildband könnte also ein Geburtstagsgeschenk sein.

Doch ein Jubiläums-Pflichtprogramm hatten seine Schöpfer gar nicht im Blick. Anlass zu diesem prächtigen Bilderbuch gab vielmehr die Stadtentwicklung der letzten Jahre selbst – und freilich auch die technische Raffinesse der Fotografie mit der Flugdrohne, die uns völlig neue Blickwinkel auf Pößneck gestattet.

Viel ist passiert in unseren Straßen, seitdem die Zeitenwende Anfang der 1990er Jahre alte Bausubstanz ungenutzt zurückließ – Abbrüche ehemaliger Fabrikanlagen, Leerstand auch in Wohngebäuden, neu entstandene Parks der Landesgartenschau. Inzwischen sind neue Herausforderungen längst hinzugekommen – alternde Bevölkerung, Wandel im Einkaufsverhalten, Neuordnen von Stadtquartieren.

Vieles ist sichtbar auf einem guten Weg. Am Viehmarkt entsteht das neue Domizil für die Berufsschule, das lang ersehnte neue Hallenbad wächst, das Gymnasium wird endlich doch saniert und befindet sich in bester Gesellschaft neben Stadtbibliothek und neu entstehendem Stadtmuseum im Herzen der Innenstadt.

Eine lebenswerte Stadt zu schaffen, braucht indes mehr – nämlich ganz wesentlich das Mit-Tun von uns allen. Ein freundliches Wort für den Nachbarn, die Zigarettenkippe in den Mülleimer statt auf die Straße, Blumenschalen auf die Fensterbank, ein Lächeln für den Ortsfremden, Einkehr in Pößnecks Gastwirtschaften, Bestellungen beim hiesigen Händler statt im Internet - es ist einiges, was jeder Einzelne von uns tun kann.

Und natürlich – wir tun dies umso lieber, je stolzer wir auf das sein können, was wir an unserer Stadt haben.

Dass wir stolz sein können, zeigt uns dieser Bildband. Herrlich ist z. B. der Rundblick zur Altenburg, so viele gestochen scharfe Details unserer schönen Stadt! Wundern Sie sich nicht, wenn Sie sich auf einem der Fotos vielleicht selbst entdecken – auf einer grünen Dachterrasse vielleicht, die tatsächlich nur mit einem solchen PERSPEKTIVWECHSEL zu entdecken ist.

Ich danke all denen, die zum Gelingen dieses Buches beigetragen haben und freue mich insbesondere, dass es ein Buch von Pößneckern ist – den im benachbarten Nimritz ansässigen Fotografen zählen wir mal großzügig mit zum näheren Einzugsbereich der Stadt.

Lassen Sie sich nun verzaubern und entdecken Sie einen völlig neuen Blick auf Pößneck!

Herzlich
Ihr
Michael Modde
Bürgermeister

Jahnstraße

Krautgasse

Blick über den schiefen Marktplatz von Pößneck

BESTÄNDIGER WANDEL

Manchmal ist es $\frac{W}{r}$ichtig, dem eigenen GedankenGebäude mit Abstand zu begegnen, die $\frac{Sicht}{Denk}$weise zu variieren, einen neuen, ungewöhnlichen Standpunkt zu suchen und das vermeintlich Bekannte mit Abstand neu zu betrachten.

Aktuelle Luftaufnahmen, fotografiert mit einer Drohne, oftmals am Computer zu einem einzelnen Bild zusammengesetzt, sollen Ihnen dabei helfen, Pößneck mit anderen Augen zu sehen. Durch den Standortwechsel der Kamera nehmen wir Sie mit auf einen Spaziergang über die Dächer der Stadt. Bei Höhen von einem bis einhundert Meter verlassen wir den gewohnten Blickwinkel.

Im ersten AugenBlick sind Sie vielleicht verwirrt, und nicht jeder erkennt diese Stadt sofort wieder. Zitat einer fünfzigjährigen Pößneckerin auf der 1. Mitteldeutschen Buchmesse beim Anblick des Coverbildes: „Das ist doch nicht Pößneck – das sieht so aufgeräumt aus!" Beim zweiten Blick und einem Schritt näher kommt die Erkenntnis: „Doch, das ist Pößneck, im Zentrum der Altstadt so dicht bebaut und rundherum so grün. Das hätte ich nicht gedacht. Das ist ja wirklich schön."

Haben Sie ähnliche Gedanken beim Betrachten der Bilder? Dann hat sich der Perspektivwechsel gelohnt.

Wenn Sie auf den Bildern im Buch Neues – seien es Häuser, Plätze oder Straßen – neben Altbekanntem entdecken, dann erkennen Sie in diesem Perspektivwechsel, dass nichts beständiger ist als der Wandel. Und Sie werden feststellen, dass es Pößneck gelungen ist, die Balance zwischen Erneuerung und Werterhaltung zu finden.

Lassen Sie die Luftbilder auf sich wirken, als wären Sie in einer fremden, noch nicht bekannten Stadt, entdecken Sie neue Details und setzen Sie alle Eindrücke zu einem neuen Ganzen zusammen. Sie werden erkennen: Pößneck ist eine lebendige Stadt!

Martin Raffelt & Jörg-Uwe Jahn
Pößneck 2012

Kein Stil vergangener Zeiten kann das Leben des Menschen des 20. Jahrhunderts widerspiegeln. Es gibt in der Baukunst nichts Endgültiges - nur beständigen Wandel.

Walter Gropius

Als schlichter hochgotischer Sakralbau prägt die Stadtkirche „St. Bartholomäus" das Stadtbild. In Etappen erbaut – Turm etwa 1280, Schiff 1350, Chor 1474/76 – ist das Bauwerk Nachfolger einer kleineren Vorgängerkirche. Täglich läutet die große Silberglocke fünf Minuten vor 18:00 im Turm.

Haben auch andere Orte, wie Stolpen, schiefe Märkte, so ist der Pößnecker Marktplatz mit 15,12 % Neigung dennoch einzigartig. Zwar stellt er Händler vor eine Herausforderung, bei Veranstaltungen allerdings bietet sich durch die Schräge eine gute Sicht auf das Geschehen.

Ob gerade oder schief, es ist doch alles relativ.
Albert Einstein

1983 zierte es eine Briefmarke der DDR – das Pößnecker Rathaus. Früher als Handels- und Schankgebäude genutzt, beherbergt es heute das Pößnecker Stadtmuseum und Teile der Verwaltung. So regiert der Bürgermeister in einem Haus mit spätgotischem Staffelgiebel und einer Renaissance-Freitreppe, die gemeinhin als schönste Thüringens gilt.

chuhgasse, früher Salzgasse　　　　　　　　　Krautgasse, früher Zwiebelgasse

Als 1888 das Gebäude der Bürgerschule feierlich eingeweiht wurde, besuchte mit Herzog Georg II. von Sachsen-Meiningen wahrhaftige Prominenz die Stadt Pößneck. Von nun an durften Knaben und Mädchen in *einem* Gebäude zur Schule gehen – wenn auch in getrennten Flügeln. Heute hat hier das Gymnasium „Am Weißen Turm" seinen Hauptstandort.

Der Weiße Turm, 1453 erbaut, ist der einzige noch vollständig erhaltene Eckturm der alten Stadtbefestigung. Er bietet einen herrlichen Blick über Pößneck.

Unter der Regie der KSK Saale-Orla wird bis zum Jahresende 2012 in der Baulücke Krautgasse 4 ein Bürgerpark als „Stadtgarten für alle Sinne" entstehen.

Am 3. September 2010 erhielt Pößneck einen neu gestalteten „Altstadtplatz". Die ehemaligen Hinterhöfe der Heiligengasse, zuletzt als Parkplätze genutzt, wurden in einen innerstädtischen Treffpunkt zum Thema Buchdruck verwandelt.

Das Schlimme an einer Stadt ist, wenn die Häuser fehlen.

Breite Straße

Altstadtplatz

Pößneck stellt sich vor

Abriss „Fresswürfel" Rotasym

Abriss Hotel Ritter

Abriss Kaufhalle Mitte

Abriss Rotasym Ost

Abriss Hintergebäude

Sanierung Marktplatz

Abriss ehemalige Fabrik

Sanierung Steinweg

Abriss Wohn- und Geschäftshäuser

Neubau Einkaufszentrum

Sanierte Stadtkirche

Sanierung ehemalige Ambulanz

Geplanter Abriss 2013

Neubau Kreisverkehr

Sanierung Gymnasium „Am Weißen Turm"

Neubau Busbahnhof

Neubau Stadtbad

Geplantes Betreutes Wohnen

Stadtgarten in Bau

Neubau Café Dittmann

Sanierte Wohn- und Geschäftshäuser

Sanierte Ärztehäuser

Sanierung Stadtmuseum Pößneck

Sanierte Stadtbibliothek Bilke

Fassadensanierung Geschichtsbuch Pößneck

Ein Vergleich: Stadtumbau zwischen 1999 und 2012 | 15

Alten- und Pflegeheim der Volkssolidarität Pößneck e.V. Seit 1996 stehen hier, in schöner, grüner Umgebung, 110 Betten in 54 Einzel- und 28 Doppelzimmern zur Verfügung.

Sportgelände Griebse

Haselberg (409 m ü. NN)

Seit mehr als 240 Millionen Jahren thront die Altenburg (345 m ü. NN) über der Region der damals noch nicht vorhandenen Orlasenke. Das einzigartige Zechsteinriff erhielt seinen Namen wohl durch eine kleine Wehranlage, die einst auf dem Tafelberg stand. (Die Bewaldung aber ist jüngeren Datums – ebenso die den Berg säumenden Häuser am „Altenburgring".)

Gabelsbergerstraße   Körnerstraße

Neben zahlreichen evangelischen Kirchen beherbergt Pößneck auch ein katholisches Gotteshaus mit angrenzendem Pfarramt. Im benachbarten Park ist ein Ort zum Gedächtnis der Gefallenen der Weltkriege eingerichtet.

Vor Jahrmillionen markierte die Spitze der Altenburg den Wasserspiegel des vorzeitlichen Meeres an diesem Ort.

32 neu verglaste Balkone schaffen für jede Wohnung im Haus „Unter der Altenburg" der Wohnungsgenossenschaft Pößneck e. G. (WP) einen zusätzlichen Wintergarten mit schönem Ausblick auf die historische Altstadt.

Straße des Friedens I Altenburgweg

Von der Volkssolidarität bis zur Altenburg

Vordere Heide (327 m ü. NN)

Der 1895 erbaute Gebäudekomplex des ehemaligen Vogel-Verlages wurde bis 1983 vom Karl-Marx-Werk genutzt, dem größten Buchhersteller der DDR.

Straße des Friedens

Von der Altenburg bis zum Vogel-Verlag

Einer der traditionsreichsten Pößnecker Betriebe ist die Rosenbrauerei. Schon seit 1866 wird hier Bier gebraut – und heute nicht nur in Thüringen vertrieben. Zum Brauereifest im August gibt es ein buntes Programm für Alt und Jung. Wissenswertes zur Rosenbrauerei erfährt man im Brauereimuseum.

Seit ihrer Renaturierung fließt die Kotschau wieder über weite Strecken oberirdisch durch die Stadt.

In den weiten Hallen von GGP Media GmbH gibt es für über tausend Menschen Arbeitsplätze. Damit ist der größte Arbeitgeber der Region gleichzeitig führender Schwarz-Weiß-Buchhersteller in Europa. Eben hier wurde unser Buch „PERSPEKTIVWECHSEL Pößneck" in der 34. KW 2012 gedruckt.

Dr.-Wilhelm-Külz-Staße

B 281 I Saalfelder Straße

Ehemalige Lederfabrik Brüderlein

Postkarte von 1944

Blick durch die Bahnhofsstraße zur Altenburg

Fotografie, Datum unbekannt

Blick vom Rathaus über die Stadt

Gestern und heute

Blick auf die 1929/30 von Ludwig Vogel, Unternehmer des Vogel-Verlages, erbaute Villa.

Heute dient das Haus als Hotel Villa Altenburg.

Jedes Haus ist ein Teil der Stadt – aber die Stadt ist mehr als die Summe ihrer Häuser.

Blick von der Stadtkirche in die Schuhgasse

Gestern und heute

Blick auf die Ecke Breite Straße I Straße des Friedens
Postkarte von 1915

Pössneck i. Thür. Breitestraße
„Binder's Kaufhaus zur goldenen Ecke"

Ein Prunkstück in der Fußgängerzone ist das im Jugendstil errichtete Gebäude der Sparkassenfiliale. Am Schmuckgiebel ist 1908 als Erbauungsjahr abzulesen.

Wunderschöne Jugenstil-Applikationen findet man am Nachbargebäude, das ebenso von der Sparkasse genutzt wird. Auffällig sind die Balkongeländer aus Metall mit eingearbeiteten Darstellungen von Kastanienfrüchten und Blättern.

Das kleine Bild zeigt das Haus Breite Straße 20 als zweigeschossiges Bekleidungskaufhaus in den Jahren zwischen 1920 und 1930. In dreizehn Schaufenstern wurden den Pößneckern die Auslagen präsentiert.

Gestern und heute | 27

Im Zuge der Vorbereitungen zur Landesgartenschau im Jahr 2000 wurde die B 281 nördlicher verlegt und gewährt ganz neue Einblicke in die Stadt.

Am Viehmarkt dominieren denkmalgeschützte Backstein-Industriegebäude (ehemalige Tuchfabriken), die davon zeugen, dass Pößneck im 19. Jahrhundert eine der wohlhabendsten Städte Thüringens war.

B 281

Die ehemalige Bundesstraße ist nun eine verkehrsberuhigte Anliegerstraße, die von der freigelegten Kotschau begleitet wird.

Kotschau Ernst-Thälmann-Straße

Spuren der 1. Thüringer Landesgartenschau (LGS) Pößneck

Als Erbe der Landesgartenschau bildet der sogenannte „Kotschautempel" einen Blickfang am Rande des Viehmarktes genau über dem Wasserspiegel der Kotschau. Neuerdings wird hier Franz Huth, bedeutender Maler und Pößnecker Ehrenbürger, gewürdigt, der sich der Kotschau sowohl in seinem Mundartgedicht „Unser Boch" als auch in Zeichnungen gewidmet hat.

C.-G.-Vogelstraße

Der Lutschgenpark und die Neugestaltung des Viehmarktes gehen auf das Jahr 2000 zurück. Zur Jahrtausendwende richtete Pößneck die erste Thüringer Landesgartenschau aus. Viele Industriegebäude fielen dem Ereignis zum Opfer – die Lederwerke im Lutschgenpark und einige ehemalige Tuchfabriken auf dem Viehmarkt hingegen konnten erhalten und aufgewertet werden.

Spuren der 1. Thüringer Landesgartenschau (LGS) Pößneck

Im Lutschgen

„Nadelfirma BSF zieht ins Lederwerk" ist am 11.8.2012 in der OTZ zu lesen. Circa 100 Mitarbeiter werden ab 2013 im Lutschgenpark medizinische Nadeln produzieren.

Spuren der 1. Thüringer Landesgartenschau (LGS) Pößneck

Im Jahre 1977 etablierte sich nördlich der Stadt das Pößnecker „Bad am Wald". An den Kuhteichen locken neben dem Badeparadies die älteste Beachvolleyballanlage Thüringens und ein Tennisplatz.

Wenn man ins Wasser kommt, lernt man schwimmen.
Johann Wolfgang von Goethe

Bad am Wald

Ettigweg

Die Väter bauen Häuser ihrer Hoffnung für die Söhne. Jurij Brězan

Tuchmacherstraße

Der Garten ist der letzte Luxus unserer Tage, denn er erfordert das, was in unserer Gesellschaft am kostbarsten ist, Zeit, Zuwendung und Raum.

Prof. Dr. Ing. Dieter Kienast

Kleingartenanlage „Ober dem Hohen Gäßchen" Kleingartenanlage „Sonneneck"

Kleingartenanlagen „Ober dem Hohen Gäßchen" und „Sonneneck"

Das Lehrlingswohnheim der Volkssolidarität Pößneck e. V. wurde 2005 fertiggestellt und verfügt über 100 Ein- und Zweibettzimmer.

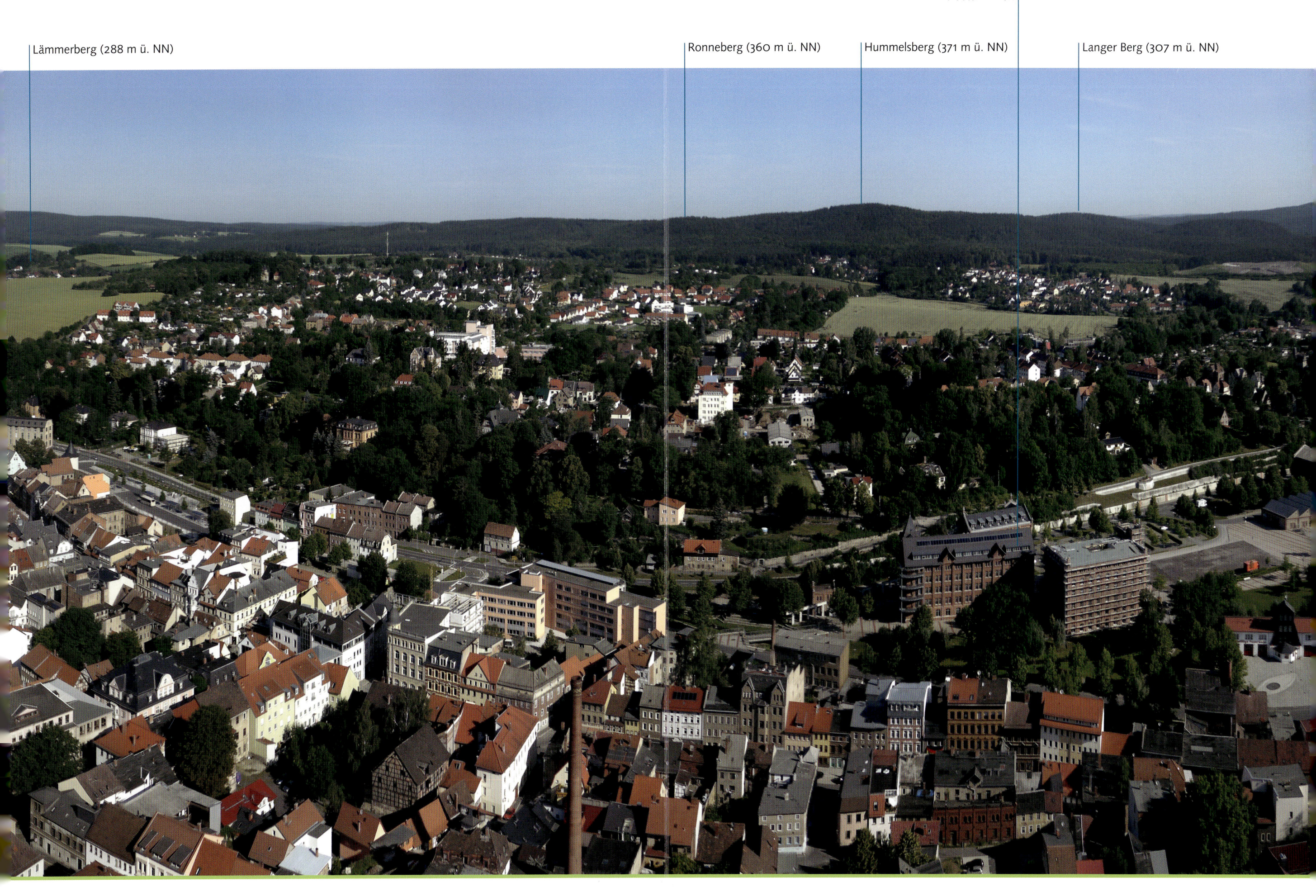

Lämmerberg (288 m ü. NN)

Ronneberg (360 m ü. NN)

Hummelsberg (371 m ü. NN)

Langer Berg (307 m ü. NN)

Vom ehem. Vogel-Verlag (Karl-Marx-Werke, GGP) bis zum Viehmarkt

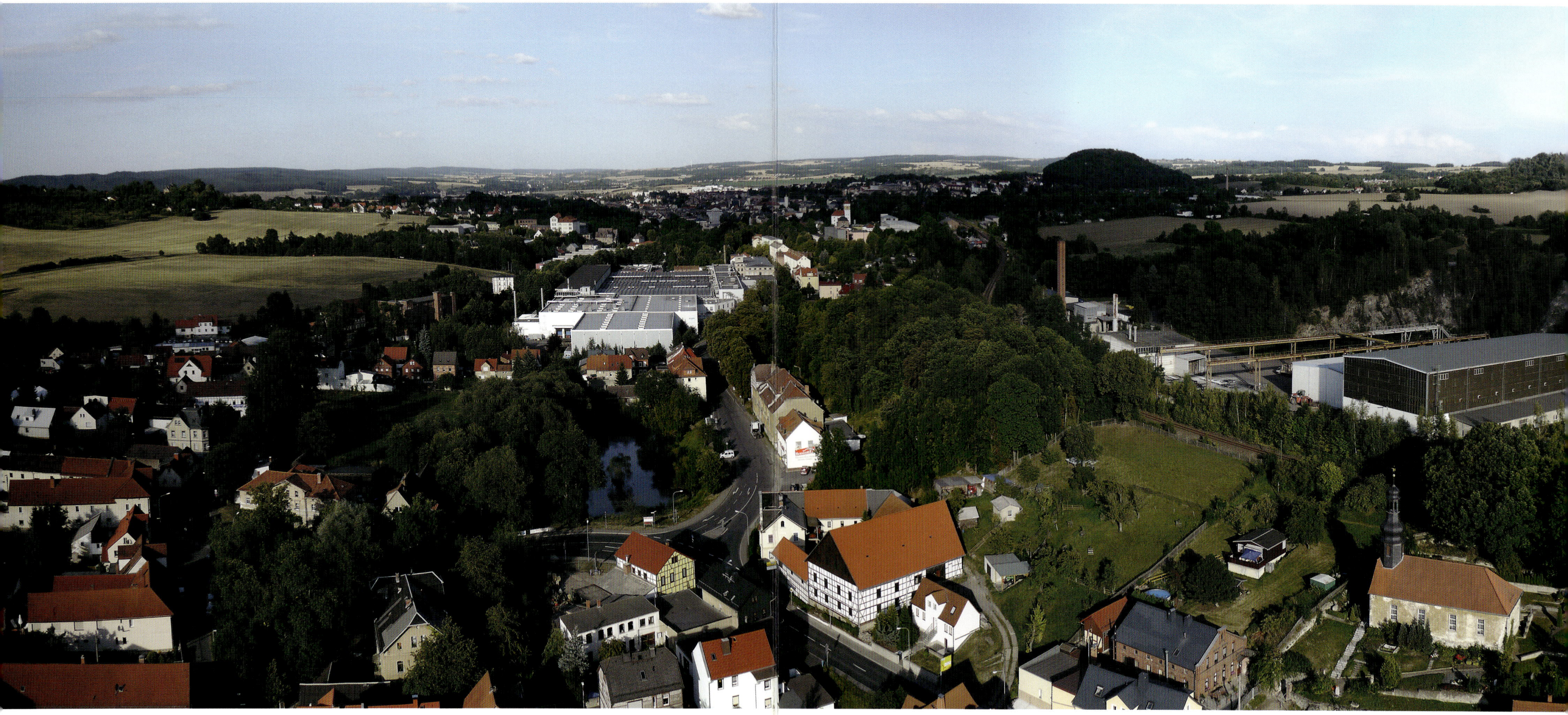

Von GGP Media bis K+S Stahl- & Behälterbau | 41

Die Seigesche Schönfärberei, 1795 als erstes Gebäude auf dem verfüllten Stadtgraben errichtet, war ihrerzeit so eindrucksvoll, dass sie sogar Goethe zu einem Tagebucheintrag inspirierte: „Ein Fabrikant, der Seygt heißt, baut außerhalb der Stadt nach Schleiz zu ein großes Gebäude [...]." (2. Juli 1795)

Saalfelder Straße   Bahnhofstraße

Eine Kleinstadt ist eine Stadt, in der die wichtigsten Lokalnachrichten nicht gedruckt, sondern gesprochen werden.

Jacques Tati

Gottesackerkirche

Rund um die Altstadt

Molkereibrücke

Abriss der ehemaligen Molkerei

Tuchmacherstraße

Wie ein grünes Band zieht sich die Bahnstrecke durch die Stadt.

Friedrich-Engels-Straße

Rund um die Altstadt

Dies ist der neue Standort des Staatlichen Berufsbildungszentrums Saale-Orla-Kreis (SBBZ-SOK). Ab Frühjahr 2013 soll der Komplex, in dem rund 450 Schülerinnen und Schüler ihre Ausbildung in Medienberufen erhalten werden, die traditionsreiche Geschichte Pößnecker Bildungsinstitutionen fortsetzen.

Hier befindet sich die Geschäftsstelle der Grundstücks- und Wohnungsgesellschaft Pößneck/Triptis mbH (GWG).
Die GWG ist größter Vermieter im SOK mit 2.200 Wohnungen und 115 Gewerbeeinheiten. Sie wurde 1990 gegründet. Gesellschafter sind die Städte Pößneck und Triptis.

Neustädter Straße

Rund um die Altstadt

Der neue Sparkassenplatz am Jägerturm umrahmt gelungen die offene Ecke des Quartiers. Hier können Kinder im Stadtzentrum, geschützt vor Autos, auch mit dem Ball spielen.

Immerhin schon seit 1891 in Betrieb, begrüßt das älteste Hallenbad Thüringens heute erfolgreiche Wassersport-Vereine. Neben einem kleinen und großen Becken sind auch Sauna und Solarium für die Pößnecker vorhanden. Ein Neubau in geringer Entfernung führt die Geschichte des Stadtbades nun fort.

Das 2009 neu errichtete Café Dittmann. Der Ruf des Vorgängerbaus (1920 bis 1980) als Tanzcafé reichte bis weit über die Stadtgrenzen hinaus.

Dr.-Wilhelm-Külz-Straße

Rund um die Altstadt | 49

Blick aus dem Wernburger Weg auf den Turm der Stadtkirche

Busbahnhof

Friedrich-Engels-Straße

Blick über das Rathaus auf den Altstadtplatz

Innenstadt-Details | 51

Einst das höchste Gebäude der Stadt, ist das „Medicenter" heute Anlaufpunkt für Patienten verschieden spezialisierter Ärzte. Eine Apotheke optimiert das Angebot. Das Vasendekor an der obersten Etage ist von weitem sichtbar.

Innenstadt-Details

Das alte Café Dittmann wurde 1994, nachdem man Baumängel festgestellt hatte, unter Protest einzelner Bürger abgerissen. 15 Jahre später wurde es, etwas kleiner und den modernen Bedürfnissen angepaßt, wieder aufgebaut.

Rotasym-Nord wurde 2008 abgerissen und schaffte damit Bauplatz für den 2011 begonnenen Hallenbad-Neubau.

Ansprechend gestaltet von dem örtlichen Fassadenkünstler Stefan Wohlfarth bietet die ehemalige Porzellanfabrik Conta & Böhme heute dem gewerblich-technischen Zentrum der Euro-Schulen Pößneck Raum. Porzellan wird hier seit der Firmenauflösung 1937 nicht mehr produziert. Mehrere Conta-Villen zeugen allerdings noch heute von dieser Pößnecker Familie und ihrem Industriezweig.

Innenstadtdetails | 55

Am 20.12.1871 wurde die Bahnstrecke Gera - Eichicht eröffnet. Damit nahm der Obere Bahnhof seinen Dienst auf. Der Reiz vergangener Tage als noch Bahnangestellte den regen Betrieb vor der eindrucksvollen Kulisse leiteten, ist noch erkennbar.

Körnerstraße

Ernst-Thälmann-Straße

In einer Kleinstadt kann die Gemeinschaft die einer Großfamilie sein. Ein Gefühl der Zusammengehörigkeit hat die Führung des Vogel-Verlages bis 1945 oftmals begünstigt und realisiert. Soziales Engagement wurde großgeschrieben.

Straße des Friedens

Jahnstraße

Vom Altenburgring bis zur Musikschule

Im Jahre 1858 fand die Gründung der Freiwilligen Turnerfeuerwehr statt. Vor und nach der Landesgartenschau in Pößneck wurden das Gebäude und der Vorplatz der Feuerwehr saniert und später um fünf Stellplätze erweitert.

Die Ernst-Thälmann-Straße von der Neustädter Straße bis zur Brunnengasse

Der Aufzugsschacht von Rotasym würde eine gute Landmarke (incl. Aussichtsplattform) am neuen Kreisverkehr abgeben. Am Fuße des Gebäudes könnten sich zwei Radwege kreuzen, und zehn kleine Kammern – je zwei pro Geschoss – im Inneren wären imstande, die Industriegeschichte des letzten Jahrhunderts architektonisch zu konservieren.

Entlang des Bahndammes wurden von C. G. Vogel und seinen Söhnen schöne Backsteinwohnhäuser gebaut, um die Arbeiter des Verlages sesshaft werden zu lassen.

Die Saalfelder Straße von der Gutenberg- bis zur Alexander-Puschkin-Straße

Orlamünder Straße

Ende des 19. Jahrhunderts erwarb Pozellanfabrikant Robert Conta die Villa im Hohen Gäßchen. Einst mit zwei Türmen versehen, war sie dem Residenzschloss Hummelshain nachempfunden.

Blick ins Umland

Dr.-Wilhelm-Külz-Straße

1876 bekam Pößneck neben Erfurt, Gera und Suhl eine Reichsbanknebenstelle. Diese waren damals in privaten Häusern untergebracht. 1899 bezog die Pößnecker Nebenstelle ein eigenes Gebäude in der Marienstraße.

Marienstraße

Blick ins Umland

Heinrich Tessenow ist Namensgeber und Architekt zweier Eigenheimsiedlungen in Pößneck aus den 20er-Jahren des vorigen Jahrhunderts. Auch die Hufeisensiedlung wurde als Wohnhof nach modernen Gesichtspunkten gestaltet und wartet derzeit auf neuerliche Nutzung.

Saalbahnstraße

Je mehr Denkmäler verschiedener Baustile in einer Stadt vorhanden sind, desto interessanter ist sie, desto öfter veranlasst sie uns, sie zu betrachten, genießend nach jedem Schritt innezuhalten.

Nikolai Gogol

Im Tümpfel

Die Bundesstraße 281

Jüdewein, 1892 als erstes Dorf eingemeindet, ist heute fest in die Stadt integriert. Der Dorfkern wirkt noch immer idyllisch. Als sorbischer Ort „Jodewin" kann Jüdewein auf eine lange Geschichte zurückblicken – 1074 wurde es erstmals urkundlich erwähnt.

Im Lutschgen
Die Bundesstraße 281

Große Ereignisse werfen ihre Schatten voraus. Pößneck entwickelt sich von einer Arbeiterstadt zur Wohn- und Dienstleistungsstadt mit besonderem Charme.

Durch den 2011 fertiggestellten Kreisverkehr an der ehemaligen Rotasymkreuzung wurde ein wichtiger Knotenpunkt der B 281 in Pößneck „entschärft". Ein Lob an die Verkehrsplaner!

Einst säumten Gerberhäuser die Gerberstraße und das Bachufer – heute befindet sich neben der B 281 der neugestaltete Busbahnhof. Das zugehörige Servicecenter ist in den Glockenturm eingezogen.

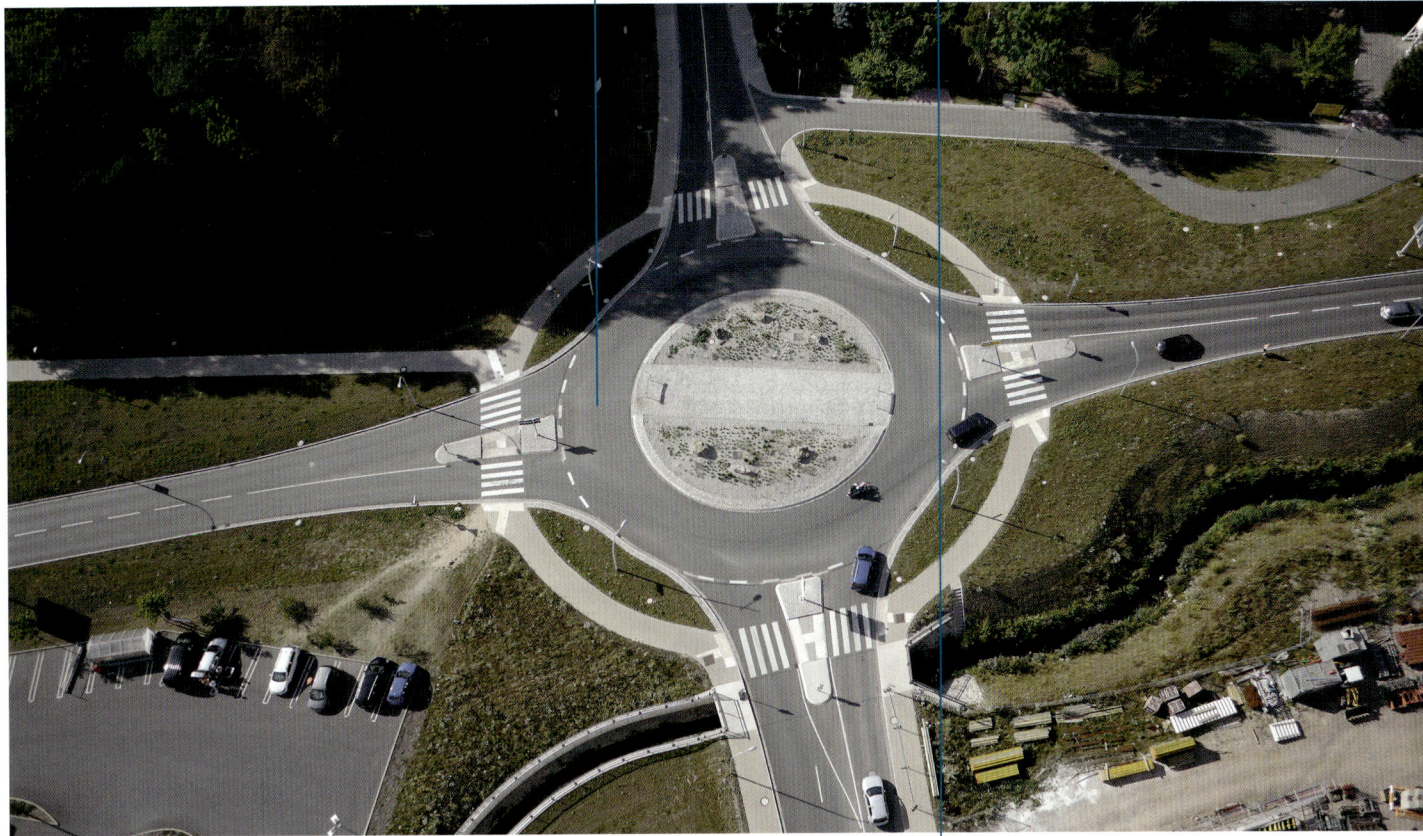

Saalfelder Straße

Busbahnhof

Die Bundesstraße 281

Das 1888 zum Hoflieferanten des „Sachsen-Meiningischen Herzoghauses" berufene Unternehmen feierte 2011 sein 135-jähriges Firmenjubiläum unter dem Namen Schokoladenwerk Berggold.

Das ehemalige Werk II des Wälzlagerbetriebes Rotasym.
Heute befinden sich hier Gewerbe- und Büroeinheiten.

Industrie- und Verwaltungsgebäude

B 281

Das 1895/96 mithilfe von Geldspenden der Familien Conta und Schmidt errichtete Krankenhaus (heute Thüringen-Klinik Pößneck GmbH) erhielt 1998 einen modernen Anbau mit einem Hubschrauberlandeplatz auf dem Dach.

Ernst-Thälmann-Straße

Gerberstraße

Industrie- und Verwaltungsgebäude

Auf dem ehemaligen, ca. 5.000 m² großen Molkereigelände sollen bis 2014 eine Grünfläche mit Spielplatz und 40 Parkmöglichkeiten entstehen.

Das Abfallbehandlungszentrum „Wiewärthe" (ABZ) umfasst zurzeit:
Abfallannahme und Deklaration, Müllumladestation,
Mechanisch-biologische Restabfallbehandlung, Deponie,
Behandlungsanlage des Deponiegases,
Abwasservorbehandlungsanlage und Schadstoffannahme

Die Trauerhalle mit dem nicht mehr genutzten Krematorium.

Auf dem Oberen Friedhof fanden namhafte Pößnecker Persönlichkeiten ihre letzte Ruhe: Schokoladenfabrikant Berger, Landesbrandmeister Gundermann oder auch die Schönfärber und Flanellfabrikinhaber Seige. Neben vielen weiteren Erdgräbern sind auch Mausoleen, Urnenwände, „grüne Wiesen" und andere Grabstätten vorhanden.

In den 70er-Jahren gebaut, sind die Wohnblöcke in Pößneck-Ost bleibendes Erbe der DDR. Um das Wohnumfeld zu optimieren, haben WP und GWG mit Balkons und modernen Fassaden den „Ostblöcken" zu neuem Flair verholfen.

Das nun schon seit mehr als 20 Jahren bestehende Gewerbegebiet in Pößneck-Ost zeugt von Pößneck als idealem Produktions- und Niederlassungsstandort. So existieren dort Straßen, in denen niemand wohnt, aber Betriebe ansässig sind.

Malmsgelände

Blick nach Westen, Richtung Saalfeld

Gewerbebauten und Sportstätten

Seit Mitte der 70er-Jahre besteht die Turnhalle des „Turnvereins 1858" (jetzt „TSV 1858"). Das Gebäude wird heute u. a. für Kegeln und Tischtennis genutzt.

Zu DDR-Zeiten als „Haus der Jugend" des Karl-Marx-Werkes bekannt, fanden hier Musik- und Tanzveranstaltungen statt. Seit der Wende wartet das mit einem schönen Saal ausgestattete Gebäude auf eine neue Nutzung.

Straße des Friedens I Jahnstraße

Die wertvollste Investition überhaupt ist die in den Menschen.
Jean-Jacques Rousseau

Der sanierte Sportplatz in der Griebse

Gewerbebauten und Sportstätten

Im März 1973 wurde der Grundstein für Pößneck-Ost gelegt. Hier entstanden 858 Wohnungen: 546 Wohnungen im Eigentum der Genossenschaft (WP) und 312 im Eigentum der GWG.

Der Hauptsitz der Wohnungsgenossenschaft Pößneck (WP) befindet sich in der Straße des 3. Oktobers 4.

Die WP ging 1991 aus der ZAWG mit 888 Wohnungen hervor. Heute verfügt sie über 1.000 Wohnungen, zudem noch zahlreiche Garagen und Stellplätze. Ihre Mitglieder genießen ein lebenslanges Wohnrecht. Das bietet Sicherheit. www.wp-poessneck.de

Pößneck-Ost   Rosa-Luxemburg-Straße   Beispiel einer Bildmontage aus den Aufnahmen der Kamera.

Kleingartenanlage „An der Altenburg" e. V. Pößneck

Pößneck-Süd

Uhlandweg I Raniser Straße

Pößneck und seine Stadtteile

Als prächtigen Wohnsitz mit gelben und roten Ziegeln sowie Zwiebeltürmchen ließ Wilhelmine Rahnis dieses Schmuckstück erbauen. Nach der Nutzung durch die Staatssicherheit wird hier heute musiziert und unterrichtet – in der Musikschule Saale-Orla.

Bereits 1885 von Kaufmann Gompf gebaut, diente es ab 1910 Arthur Gustav Vogel, Sohn des Vogel-Verlag-Gründers, als Wohnhaus. In den 1930ern wohnten hier Mitarbeiter des Vogel-Verlages – nun ist das Haus eine Kindertagesstätte der Volkssolidarität und als „Villa Kunterbunt" bekannt.

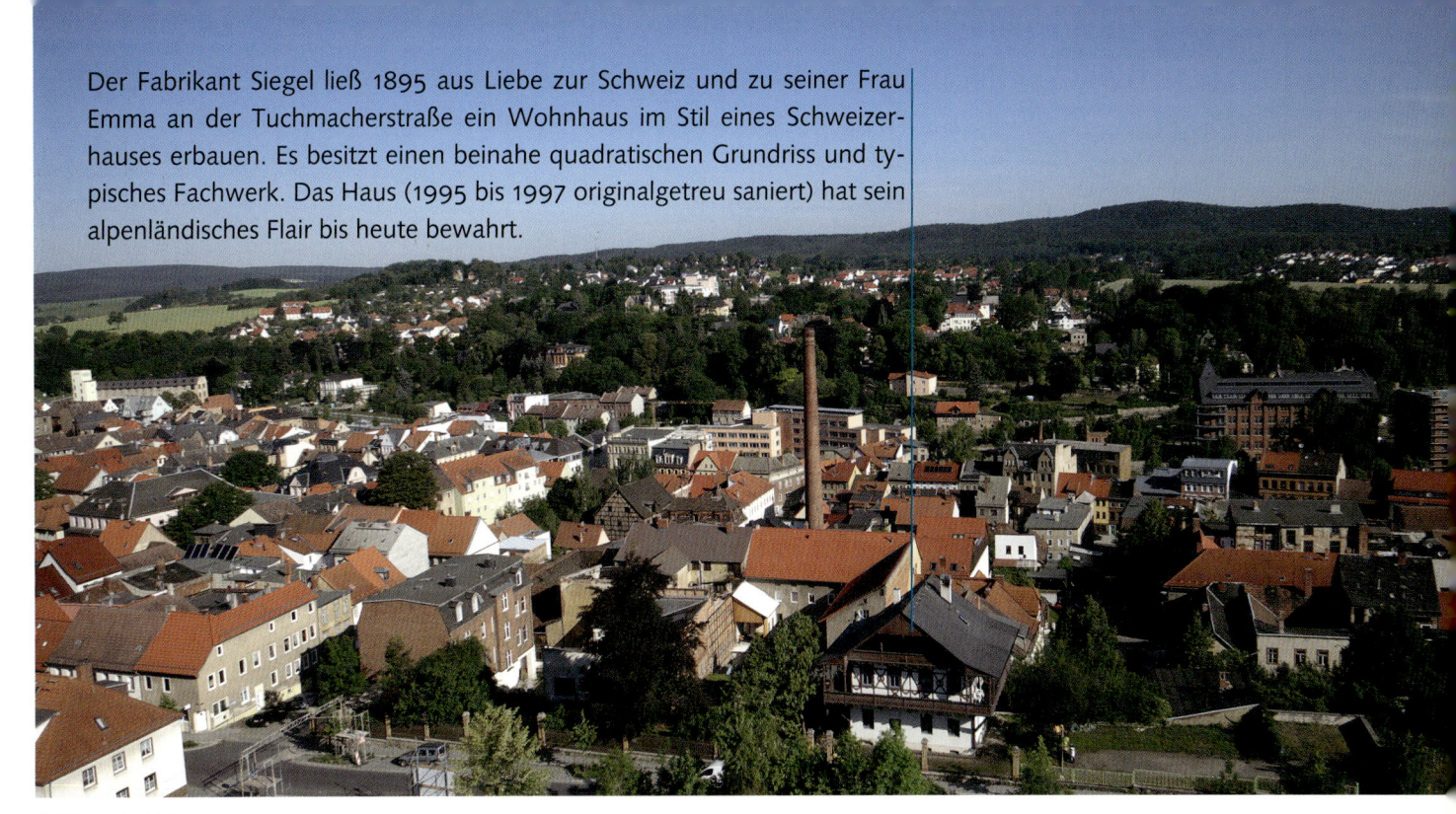

Der Fabrikant Siegel ließ 1895 aus Liebe zur Schweiz und zu seiner Frau Emma an der Tuchmacherstraße ein Wohnhaus im Stil eines Schweizerhauses erbauen. Es besitzt einen beinahe quadratischen Grundriss und typisches Fachwerk. Das Haus (1995 bis 1997 originalgetreu saniert) hat sein alpenländisches Flair bis heute bewahrt.

Pößneck-Mitte

Pößneck-Nord

Pößneck und seine Stadtteile

Pößneck-Nord

Ettigweg

Als Freibad diente der Teich im Weddigen über Jahrzehnte für die Naherholung der Pößnecker.

Wohngebiet „Am Teichrasen"

Gartenverein „Hegelsberg" e. V.

Pößneck und seine Stadtteile | 89

Waldstraße/Rothigweg

Pößneck-Nord

Im Vorderen Ettig

Noch heute lassen sich der analoge Aufbau der Häuser und der Reihenhaus-Charakter der Tessenow-Siedlung Am Gruneberg (ähnlich der in der Karl-Liebknecht-Straße) erkennen.

Am Weiher

Pößneck-Nord

Pößneck und seine Stadtteile

Jüdewein, seit 1892 in Pößneck eingemeindet.

Köstitz, seit 1919 in Pößneck eingemeindet.

Schlettwein, seit 1923 in Pößneck eingemeindet.

Öpitz, seit 1945 in Pößneck eingemeindet.

Schweinitz, seit 1965 in Pößneck eingemeindet.

Das Pößnecker Stadtmuseum befindet sich derzeit im Rathaus am Markt, zieht aber 2014 nur ca. 75 m weiter in das neu sanierte Stadtmuseum im ehemaligen Klosterkomplex.
www.poessneck.de

Auszug aus dem Ausstellungsprogramm:
Geschichte des Rathauses und Stadtgeschichte
Frühgeschichte und Töpferhandwerk
Das Kloster und die Kirchen
Handwerk in Pößneck
Die Porzellanfabrik Conta & Böhme u. v. m.

Auszug aus dem Ausstellungsprogramm:
Geschichte
Die Markenbildung und das Produktionsverfahren
Historische Verpackungen, Dosen und Werbematerial seit 1880
Filme zur Firmengeschichte, der Herstellung der Geleebananen sowie der Produktion von der Kakaobohne bis zur Schokolade

Firmenausstellung im Thüringer Schokoladenwerk Berggold (seit 2006)
Eintritt kostenlos
www.berggold.de
Raniser Straße 11

Museum der Rosenbrauerei
www.rosenbrauerei.de
Karl-Marx-Straße 3

Auszug aus dem Ausstellungsprogramm:
Geschichte der Rosenbrauerei
Alte Techniken der Bierherstellung

Museen in Pößneck

Pößneck im dunklen Zeitalter: eine mittelalterlich gekleidete Stadtführerin erläutert entlang der alten Stadtbefestigung Sinn und Zweck der historischen Stadtmauer. Graf Günther von Schwarzburg wird dabei Unterstützung gewähren.
Stadtführerin: Monika Eckardt

THEMATISCHE STADTFÜHRUNGEN
www.poessneck.de

Alte Grabdenkmale – ein Spiegel der Stadtgeschichte
Die prachtvollen Grabmale einiger Fabrikbesitzer erzählen von deren Lebenswerk, berichten über Schicksale. Kommen Sie mit uns auf eine Reise in die Vergangenheit! Jedes Grab erzählt seine eigene Geschichte.
Stadtführerin: Dagmar Ritter

Auf den Spuren Pößnecker Künstler und ihrer Werke
Verfolgt werden u. a. die Pößnecker Spuren folgender Künstler: Prof. Robert Diez, Oskar Lindenberg, Otto Lindig, Professor Franz Huth.
Stadtführer: Harald Hintze

Druckerei- und Verlagsgeschichte Pößnecks
In Pößneck siedelten sich 1831 der Buchdrucker Ernst Vogler und 1868 Carl-Gustav Vogel, Gründer des Vogel-Verlages, an. Im Rundgang erfahren Sie, wer die erste Zeitung Pößnecks druckte und was aus dem Verlag geworden ist.
Stadtführer: Siegbert Würzl

Der Naturraum Pößnecks und seiner Umgebung
Sowohl Flora als auch Fauna sind hier in der „Orlasenke" zum Teil ungestört zu erleben. Außerdem bieten einzigartige Zechsteinriffe die Möglichkeit, Geologie in ihrer Schönheit zu erfahren.
Stadtführer: Till Krieg

Pößneck im Spiegel der Industrialisierung
Im Rahmen dieser Stadtführung wird Pößnecks Weg vom Tuchmacher- und Gerberhandwerk in das Industriezeitalter nachgezeichnet. Sehen Sie Zeugnisse u. a. der ehemaligen Porzellanfabrik Conta & Böhme sowie die Villen ihrer Eigentümer, und hören Sie Wissenswertes über die ehemalige Lederfabrik Brüderlein.
Stadtführer: Eberhard Zauch

Hallo Kinder:
„Ihr möchtet mal in den Bauch des langen Weißen schauen? Und habt ihr schon mal die rätselhaften Zeichen an unserer Stadtkirche entdeckt? Nein? Wollt ihr das kennenlernen? Dann verabredet euch doch mit mir!"
Kinder-Stadtführerin Christel Hoffmann

8. Hell's Pleasure Metal Festival 2012 mit 23 Bands aus 14 Ländern. Über die Jahre wurden tausende Besucher aus 26 Nationen und drei Kontinenten gezählt.

Im März 2012 fand auf dem Pößnecker Sandberg das 55. Pößnecker Motocross-Rennen statt. 38 Teilnehmer starteten am Samstag, dem 25.03.2012, und wirbelten viel Staub auf.

Zwei exemplarische Veranstaltungen

Döbritz

Oppurg

Nimritz

Pößnecks Umgebung

Bodelwitz

Als das Zechsteinmeer auszutrocknen begann, lagerte sich an den flachen Stellen Gips ab – darüber Plattendolomit. Davon zeugen die Krölpaer Gipsbrüche. Im Dritten Reich sollen angeblich verschiedene Stollen in den Brüchen als Fertigungsräume unter dem Decknamen >PIKRIT< genutzt worden sein.

Krölpa, Maxit

Krölpa

Pößnecks Umgebung

104

Womit wurden die Luftbilder dieses Buches aufgenommen?
> Fast alle Bilder sind mit einer Flugdrohne zwischen einem und hundert Metern Höhe gemacht worden. Geflogen sind wir von März bis August 2012 zwischen 6.00 und 21.00 Uhr.

Wie lange kann eine Drohne in der Luft bleiben?
> Die Akkus halten ca. acht Minuten. Nach sechseinhalb Minuten leiten wir aus Sicherheitsgründen die Landung ein und fliegen zum Startplatz zurück.

Wie sieht das ideale Flugwetter aus?
> Es muss relativ windstill sein und darf nicht regnen. Damit fallen viele Tage des Jahres aus. Frühmorgens und zum Ende des Tages ist das weiche Licht besonders gut zum Fotografieren.

Welche Kameratechnik wurde verwendet?
> Die Panasonic Lumix GH-2 wurde von der Drohne auf einem Kameraträger befördert. Die Bodenaufnahmen wurden mit der Canon EOS 5D Mark II gemacht.

Wie teuer ist eine Flugdrohne?
> 2011 kosteten die Zivildrohnen zwischen 20.000 und 25.000 Euro. Man benötigt eine Flugerlaubnis und Flugroutine zum Fliegen.

Wie werden die sensationellen Panoramen gemacht?
> Als erstes muss man einen festen Fotografierpunkt in der Luft haben. Deshalb kann man weder mit dem Flugzeug noch mit dem fahrenden Ballon, sondern nur mit der Drohne bei Windstille Panoramen machen. Es werden mehrere Aufnahmen mit gegenseitiger Überlappung gemacht, die dann mit dem Rechner zusammengesetzt werden.

Wie viele Bilder haben wir gemacht?
> Wir haben an 11 Flugtagen etwa 5.600 Bilder mit ca. 820 verschiedenen Motiven gemacht. Leider konnten wir nicht alle ins Buch einstellen. Sie können uns aber fragen, ob Ihr Haus bei den archivierten Bildern dabei ist.

info@allround-publication.com

Jörg-Uwe Jahn	**Martin Raffelt**	**Steffen Wegner**	**Till Krieg**
Fotograf	Architekt	Modell-Pilot	Stadtführer
geb.: 19.10.1962	geb.: 04.03.1959	geb.: 05.11.1977	geb.: 09.07.1994
mobil: 0176 612 83 912	mobil: 0173 36 25 440	mobil: 0174 944 6 144	mobil: 0174 69 52 090
info@allround-pictures.de	mail: info@raffelt.de	Steffen.Wegner77@gmx.de	mail: tillkrieg@web.de

RÖDER + HOLZHEY BAUUNTERNEHMEN

Stadtmarketing Pößneck GmbH

alles-nur-fassade.de

Fritzsche grün erleben

Kreissparkasse Saale-Orla

GWG Grundstücks- und Wohnungsgesellschaft Pößneck/Triptis mbH

Architekturbüro Martin Raffelt ARCHITEKTEN UND INGENIEURE
Architektur für alle Sinne

allroundpictures LUFTBILDER · 360° · FOTOSTUDIO

DEMO - BAU Abbruch · Erdbau · Tiefbau

LBG TECHNIK FÜR DEN BAU

★★★ Parkhotel **Villa Altenburg**

casparius Architekten & Ingenieure
KOMPETENZZENTRUM Sport- und Freizeitarchitektur

MR Dr. med. Peter Mierzwa

WP

VOLKS SOLIDARITÄT

Gaststätte & Pension "Zur Erholung"

AWO

BERGGOLD CHOCOLATIERS

maxit

allroundpublication LITERATUR · KUNST · APPLIKATIONEN

Das freundliche AUTOHAUS in Pößneck **TEICHMANN**

106 | Förderer

DANKE.

Wir möchten allen Beteiligten und Förderern recht herzlich für ihre tatkräftige Unterstützung danken. Dieses Buch konnte nur unter Mithilfe von bestimmt drei Dutzend Personen und deren persönlichem Einsatz realisiert werden. Für Texterstellung und Korrekturlesen, für Layout und Grafik-Design, für logistische Unterstützung und Marketinghilfe, für finanziellen Zuschuss, für das Mutmachen und die Kritik während der Arbeit … und für das Kaufen des Buches möchten wir uns bei allen bedanken.

Diese Unterstützung war wie zuvor beim 1. Pößnecker Skulpturen-Frühling umwerfend und hilfreich – aber auch notwendig und qualitätssteigernd.

Leider muss man auch sagen, dass es so manch' lohnenswerte Motiv nicht ins Buch geschafft hat:

> weil das Buch nur 108 Seiten hat und damit begrenzt ist,
> weil das Buch zum Stadtfest 2012 erscheinen sollte,
> weil Herbst und Winter erst nach dem Erscheinungsdatum auf dem Kalender stehen,
> weil Pößneck noch tausend interessante Ecken und Winkel hat,
> weil wir, wenn es Ihnen gefällt, gerne eine Fortsetzung für Sie fotografieren möchten.

Wir wünschen dem Leser und Betrachter viel Spaß und so manchen Erkenntnisgewinn. Für weitere Anregungen und neue Motive sind wir sehr dankbar. Sie können uns auch gern fragen, ob wir Ihr Haus oder Ihren Garten auf einem unserer ca. 5.600 Bilder fotografiert haben. Bitte versehen Sie jede Anfrage mit Angabe von Ort, Straße, Hausnummer und ihrem Namen.

Jörg-Uwe Jahn und Martin Raffelt   info@allround-publication.com
Pößneck, 16.08.2012

BILDNACHWEIS – INDEX

S. 22, Poessneck i. Th., Bahnhofstraße, Reliefdruck, AK 48/01 Stadtarchiv Pößneck, 1944.

S. 23, Blick vom Rathausgiebel, AK 137/94 Stadtarchiv Pößneck, Photographie und Verlag Rudolf OHe, Photo Kohl-OHe.

S. 24, Villa Altenburg, Privatbesitz Villa Altenburg, Frau Haas, Photographie von 1930.

S. 25, Pößneck (Thür.) Marktplatz und Schuhgasse, Privatbesitz Herr Raffelt, 23.3.1985, Bild und Heimat Reichenbach (Vogtl.).

S. 26, Pössneck i. Thür., Breite Straße „Binder´s Kaufhaus zur goldenen Ecke", AK 49/96 Stadtarchiv Pößneck, 19.9.1915.

S. 27, Kaufhaus Breite Straße, AK 205/99 Stadtarchiv Pößneck, ca. 1920 – 1930.

Alle nicht ausgewiesenen Bilder wurden von Jörg-Uwe Jahn fotografiert.

er-St

Brauhau

Breite

Saalfelder-Strasse

Schleizer-Stra

Heiligen-Gasse

Stein-W

Friedhofs-Gasse

Cantors-Gasse

Hint. er-Platz